Herbert Jung

AF705100

Auferstanden und uns nah

Impulse aus den Sakramenten zur Gestaltung der Sonntagsgottesdienste von Ostern bis Pfingsten

Schwabenverlag

VERLAGSGRUPPE PATMOS

PATMOS
ESCHBACH
GRÜNEWALD
THORBECKE
SCHWABEN
VER SACRUM

Die Verlagsgruppe
mit Sinn für das Leben

MIX
Papier aus verantwortungsvollen Quellen
FSC www.fsc.org FSC® C083411

Klimaneutral
Druckprodukt
ClimatePartner.com/14549-2003-1001

Für die Verlagsgruppe Patmos ist Nachhaltigkeit ein wichtiger Maßstab ihres Handelns. Wir achten daher auf den Einsatz umweltschonender Ressourcen und Materialien.

Alle Rechte vorbehalten
© 2022 Schwabenverlag
Verlagsgruppe Patmos in der Schwabenverlag AG, Ostfildern
www.schwabenverlag-online.de

Umschlaggestaltung: Finken & Bumiller
Umschlagabbildungen: Andrey Grinkevich/unsplash
und Pisit Heng/unsplash
Satz: Schwabenverlag AG, Ostfildern
Druck: CPI books GmbH, Leck
Hergestellt in Deutschland
ISBN 978-3-7966-1821-5

Inhaltsverzeichnis

Zuvor

Was fragend
ER begonnen (Mt 27,46)
will weiterwachsen
wie's der Saat geboten

Braucht Mut

Doch reicher
wird's dann werden
das Leben, das geschenkt
ihr seltener arm dran

Vorwort

Advent ... und die Zeit ist erfüllt von Terminen – sie laden ein und verführen zu Weihnachtsmärkten, zu Weihnachtsoratorien, zu Krippenspielen, zu Roratemessen, Frühschichten, Weihnachtsfeiern der Firmen, Konzerten und vielem mehr ...

Fastenzeit ... auch diese Zeit ist erfüllt, weniger von lauten Stunden – vielmehr von stiller Einkehr und Besinnung. Nicht nur die Kirche lädt ein zu Passionskonzerten, zu Fastenkuren, zu Kreuzwegen, zu Solidaritätsessen und zu Schweigezeiten.

Osterzeit ... und nur noch ein liturgischer Kalender bzw. ein Messbuch weiß um diese wichtigen 50 Tage, die wichtigsten eines Kirchenjahres überhaupt. – Irgendwie sind sie nicht in unserem Gedächtnis angekommen – wer weiß, warum? Ob man keine 50 Tage lang feiern kann? Ob das des Guten einfach zu viel ist?

Doch das muss nicht so bleiben – zumal die Auferstehung ein Geschehen ist, das kein Mensch sofort begreifen kann –; es braucht Zeit, zu verstehen, falls ein Verstand es jemals verstehen kann. Und dann sind da noch die Geschenke des Auferstandenen – vielleicht sind es sogar mehr als acht, aber unsere Kirche hat sich nun mal auf sieben Sakramente und ein Ursakrament – die Kirche – festgelegt. Mehr ist auch kaum zu bewältigen. Unsere Seelen kommen wohl sonst nicht nach.

Darum kam mir der Gedanke, diese Osterzeit mit ihren Geschenken (den Sakramenten) näher anzuschauen, mehr noch: sie zu feiern und die Gemeinde dafür zu begeistern. – Ob's gelingt – ich weiß es nicht, doch ich wünsche es nicht nur mir, sondern vor allem Ihnen.

Betrachten Sie das Werk bitte wie eine Osterwiese, gefüllt mit bunten »Ostereiern« – vielen Texten, die dazu einladen, gesucht und gefunden zu werden. – Es sind keine fertigen Gottesdienste – ganz bewusst nicht –, denn Ihre persönliche Farbe soll mit zur bunten Fülle beitragen. Jeder Zelebrant – gleich welchen Geschlechts – ist ja einmalig und dessen Stimme auch. Alle Gestaltungselemente in diesem Buch sind Vorschläge zur Auswahl, und manchmal gibt es Alternativen zur Auswahl (dann mit I, II oder III bezeichnet).

So wird deutlich, dass nicht nur Eucharistiefeiern angedacht sind – nein, auch Wortgottesfeiern, kurze Meditationszeilen oder einfach ein oder zwei Texte davon zum Vorlesen bzw. Beten.

Vielleicht erleben Sie dann Gleiches wie in Emmaus (Lk 24,1 ff.) – dass Sie am Ende erfahren: Hier war nicht nur Menschenwerk in unserer Mitte – hier war die Nähe des Auferstandenen zu spüren; hautnah und sehr zart, wie es auch Elija geschehen – im leisen Säuseln des Windes spürte er den Atem Gottes (1 Kön 19,12).

So wünsche ich Ihnen viel Freude beim Suchen und Entdecken und die Erfahrung, nach der wir uns alle sehnen: Nähe des Auferstandenen.

Er ist wirklich auferstanden (Lk 24,34). Halleluja!

Herbert Jung

Mit einem Wort – so fing es an, was seitdem stetig wird …

Mit einem Wort – so fing es an, das Werden dieser Welt, als Dunkel noch das All beherrscht, nicht Sonne da, nicht Mond (Gen 1,1 ff).

Mit einem Wort – so fing es wieder an, mit einem Gruß des Engels: das Neue in der Zeit … (Lk 1,26 ff). Seitdem wird Weihnachten gefeiert – selbst jene lassen sich das Fest was kosten, die gar nicht wissen, wer da warum geboren ward.

Mit einem Wort – mit dem »Warum« (Mt 27,46) –, so fing es wieder an, was wir heut' feiern: das Ende, das ein Anfang war.

Geheimnisvoll das Ei die frohe Botschaft uns verrät: Aus harter Schale – die wie ein Grab – bricht's Leben voller Macht hervor und läuft davon (Mt 28,7).

Osternacht
»Angenommen« (Taufe)

Mitfeiernde:	Eltern mit Kind(ern) und Paten, Gemeinde
Lesungen:	Lektionar A/B/C
Hinweise:	Die Tauffeier findet immer in der Liturgie der Osternacht statt – sie kann auch in den Gottesdiensten von Ostersonntag bzw. Ostermontag oder an einem der folgenden Ostersonntage eingesetzt werden. Eltern mit Kind und Paten nehmen dabei im Chorraum Platz.

A TAUFE NEUGEBORENER KINDER

Einführung

Kind(er), Eltern und Paten im Altarraum

Liebe Eltern und Paten,
Taufe ist das Ende eines Frage-Antwort-Spieles: Der Mensch fragt: Bin ich gewollt? – Von den Eltern wahrscheinlich! – Aber von Gott?

Doch, denn die Taufe zeigt: Gott ist dir nah und du gehörst zur Gemeinschaft der Erlösten.

Um unseretwillen und um dieser Kinder willen ist ja der Menschensohn vom Himmel herabgestiegen, einer von uns geworden. Das ist Gottes eindeutige Antwort auf unser Fragen. Ich bin getauft, d.h. mit anderen Worten: Ich bin von Gott gewollt. Niemand hat mich in Frage zu stellen, da ich ein Priester bin, ein König und ein Prophet, wie es mir wenige Minuten nach der Taufe zugesagt wird.

Vorstellen der Kinder durch die Eltern

DIE GEMEINDE WILL WISSEN: WER SIND DIE KINDER UND IHRE FAMILIEN?

Frage an die Gemeinde

Wollen Sie diese Kinder mitnehmen auf unserem Weg in Gottes lichte Zukunft und ihnen von der Hoffnung dieser Nacht erzählen? Dann antworten Sie bitte mit:
Ja, wir nehmen euch gerne mit auf unserem Weg.

Kreuzzeichen

Dankbar nehmen wir dich auf und schenken dir das Zeichen des Christen: ein Kreuz. Auf deine Stirn sei es gezeichnet, ein Zeichen dafür, zu wem du gehörst.

Glaubensfragen

Nun frage ich Sie – in Erinnerung an Ihre eigene Taufe (lange ist's bei den meisten her – Auffrischung tut dann gut ... und das neu geweihte Wasser hilft dabei ... erfrischen will es, heilen und erinnern):

»Ich bin für euch da« (Ex 3,14)
Gottes Antwort auf Moses Frage
– Glaubt ihr an diesen Gott Vater? →

»Blinde sehen, Lahme gehen, Aussätzige werden rein« (Mt 11,5)
Jesu Antwort auf des Täufers Frage
– Glaubt ihr an diesen Gott Sohn?

»Der Heilige Geist ... wird euch alles lehren
und euch an alles erinnern« (Joh 14,26)
Jesu Antwort auf der Jünger Frage
– Glaubt ihr an diesen Heiligen Geist?

»Die Pforten der Hölle werden sie nicht überwältigen« (Mt 16,18)
Jesu Antwort auf seine eigene Frage
– Glaubt ihr an diese sündige und doch heilige Kirche?

Glaubensbekenntnis aller (GL 3,4 oder 586,2)

Wasserweihe

Wir Menschen brauchen nicht nur Worte für unser Miteinander. Wir brauchen auch Zeichen – die gehen zuweilen tiefer in unser Inneres ein, als jemals ein Satz es vermag. Nicht umsonst reden wir von der Macht der Bilder.

Ein solches Bild bzw. Zeichen bei der Taufe ist das Wasser; es steht für Leben, denn ohne dieses Element wäre unser Planet Erde eine tote Kugel.

Heute steht das Wasser auch als Zeichen für die Antwort Gottes auf unsere Frage, ob Leben, besonders das der Neugeborenen, von ihm gewollt ist. Und siehe, er schenkt es und sagt damit: Ja, ich will dich.

Weihegebet (s. Messbuch)

Taufe

Ausdeutende Riten (s. Messbuch)

Fürbitten

WERDEN VON ELTERN UND PATEN MITGEBRACHT

Segen

AM ENDE EINER EUCHARISTIEFEIER

Die ihr
»warum« gefragt
so oft in diesem Leben
und Schweigen
nur erfahren
wie einst der Menschensohn
als er am Holze hing (Mt 27,46)

Euch
sei der Segen
jetzt gewiss –
von dem
der niemals ruht

Nein Mächtiges
gewirkt zu jeder Zeit
und weiterwirken wird

→

Er öffne euch die Augen
damit ihr seht
noch mehr begreift
wo seine Hand im Spiel
in diesen Tagen gar
und morgen auch

Er schenke euch Vertrauen
in IHN
dem nichts unmöglich
– sein Engel es gesagt (Lk 1,37))

Denn Gott
der Lebenden ist er
und nicht der Toten

So sei bei euch
mit seinem Segen
jetzt und alle Ostertage
der Vater, der uns gut (Gen 1,31)
der Sohn, an dessen Brust er ruht (Joh 1,18)
der Geist, der Feuer ist und Glut (Apg 2,3)
Amen

B TAUFE ÄLTERER (KOMMUNION-)KINDER

Glaubensfragen an die Kinder

Liebe Kinder,
viel habt ihr schon von Jesus gehört, an Weihnachten seine Krippe aufgebaut, sein Kreuz irgendwo gesehen, gar im Zimmer aufgehängt, und davor gebetet. Und uns, seine Gemeinde, habt ihr schon oft besucht: im Gottesdienst oder bei unseren Treffen und Festen – jetzt wollt ihr ganz zu IHM und zu uns gehören. Deshalb wollt ihr getauft werden.

So frage ich euch:

Glaubt ihr an den lieben Gott, der im Himmel wohnt, und der die Erde gemacht mit all den Blumen und Tieren, mit Regen und Schnee, mit Sonne und Wind und all den vielen Menschen?

Glaubt ihr an Jesus Christus, der in der Krippe gelegen als kleines Kind, der am Kreuz gestorben ist – für uns – und aus dem Grabe auferstanden?

Glaubt ihr an den Heiligen Geist, den niemand sieht und keiner von uns kennt, der aber da ist wie der Wind: mal leise, mal stürmisch, und der uns allen Mut macht, zu leben und zu reden? →

Glaubt ihr an die Menschen, die mal lieb zu euch und mal bös, die euch immer wieder Geschichten erzählen von sich, von der Welt und von der Bibel, besonders die, wie der Stein vom Grab weggewälzt war?

Einführung

KIND(ER), ELTERN UND PATEN IM ALTARRAUM

Liebe Eltern und Paten,
Taufe ist vom Ursprung her ein doppelter Vorgang: eine Erniedrigung – der Mensch muss untertauchen im Wasser – lebensbedrohlich – und steigt dann wieder empor – eine Erhöhung.

Das Leben Jesu ahmt der Täufling nach ... Leider hat die Westkirche diese Art der Taufe verloren ... Wir tauchen nicht mehr unter, wir gießen Wasser über das Haupt des Kindes – aber die Aussage bleibt, auch wenn's das Auge so nicht wahrnimmt ...; der Mensch taucht unter – stirbt, wie Paulus sagt ..., steht auf als Neugeborener – als Kind des himmlischen Vaters nun sichtbar geworden.

Vorstellen der Kinder durch die Eltern

DIE GEMEINDE WILL WISSEN: WER SIND DIE KINDER UND IHRE FAMILIEN?

Frage an die Gemeinde

Wollen Sie diese Kinder mitnehmen auf unserem Weg in Gottes lichte Zukunft und ihnen von der Hoffnung dieser Nacht erzählen? Dann antworten Sie bitte mit:
Ja, wir nehmen euch gerne mit auf unserem Weg.

Kreuzzeichen

Dankbar nehmen wir dich auf und schenken dir das Zeichen des Christen: ein Kreuz. Auf deine Stirn sei es gezeichnet, ein Zeichen dafür, zu wem du gehörst.

Glaubensfragen an alle

Wir glauben an Gott – ein ferner Vater
seine Hand Chaos zum Kosmos erhebt
solang' sich seine Erde dreht –
Glaubt ihr an ihn?

Wir glauben an Gott – ein Menschensohn
erhöht am Kreuz, alle an sich zu zieh'n
damit alles Böse soll flieh'n –
Glaubt ihr an ihn?

Wir glauben an Gott – ein Schöpfer Geist
aus Erde er buntes Leben brütet
Schöpfung er wunderbar hütet –
Glaubt ihr an ihn?

Wir glauben an die Kirche – Gemeinde Jesu
in seinem Namen sie Würde uns schenkt
den Blick stets auf's Ewige lenkt –
Glaubt ihr an sie?

Glaubensbekenntnis aller (GL 3,4 oder 586,2)

Wasserweihe

Gib einer Blume Wasser – sie hebt den Kopf, wie wir sagen, und es stimmt auch! Gib einer Wasserader Druck, sie springt sofort gen Himmel.

So ist das Wasser in unserer Kirche ein Zeichen, dass Gott uns Erdenwesen erhöhen will, ja Totgeglaubte sogar in den Himmel hebt.

Wenn wir unsere Kinder taufen, wollen wir zuvor Gottes Geist auf dieses Element herabrufen, damit es wirken kann, was es wirken soll: des Menschen Gottähnlichkeit erstrahlen lassen.

Weihegebet (s. Messbuch)

Taufe

Ausdeutende Riten (s. Messbuch)

Fürbitten

WERDEN VON ELTERN UND PATEN MITGEBRACHT

Segen

AM ENDE EINER EUCHARISTIEFEIER

Es segne euch
der Gott
der Mächtige vom Throne stürzt
die Niedrigen erhöht (Lk 1,52) →

Und lasse
diese Botschaft
von Maria einst gesungen
leibhaftig euch erfahren
besonders dann
wenn uns Erniedrigung
zu Boden drückt

Er lasse euch
Freude finden
daran, dass der
am Kreuz Erniedrigte
erhöht zur Rechten Gottes lebt (Phil 2,9)

Den Glauben daran
lass er wachsen
dass Gleiches
wird zuteil uns Menschen
wenn jeder Leib darnieder
Staub mit Staub bedeckt

So geht hinaus
erfüllt von froher Nachricht
sie lass euch
Aufstand wagen

wenn's Leben
auf dem Spiel
damit ihr wisst, wie's geht
am Ende eurer Tage

→

wenn's Grab sich öffnet
der Niedergang schon fest geplant

So sei der Vater mit euch
der Sohn bei euch
der Geist in euch

Glaubenslied

(Melodie nach GL 888, Eigenteil Mainz)

In seine Hand
bin ich geschrieben,
getauft und Glied
an Christi Leib.

Gott und den Menschen
will ich lieben,
so lang' ich
auf der Erde bleib.

Dank sei dem Herrn,
der mich vermählt
mit ihm –
es bis zum Ende zählt.

Sein Wort
wird leiten
unsern Weg.

2. Ostersonntag
»Einverleibt« (Eucharistie / Erstkommunion)

MITFEIERNDE:	Erstkommunionkinder mit Eltern und Paten, Gemeinde
LESUNGEN:	Lektionar A / B / C oder Lektionar für Kinder Bd. I, Nr. 96 ff
HINWEISE:	Plätze reservieren für Kommunionkinder, Eltern und Paten Ständer für Kommunionkerzen festlicher Gabentisch im Raum der Kirche, damit eine Gabenprozession möglich ist

A KOMMUNIONKINDER

Begrüßung

Lasset Kinder zu mir kommen (Mk 10,14) – das war Jesu Wunsch damals, als seine Jünger glaubten: Sie stören, die Kleinen, die oft neugierig sind und ohne Geduld.

Das seid ihr heute manchmal auch, genau wie damals, aber Jesus stört ihr nicht, und deshalb seid ihr hier an seinem Tisch, inmitten der Großen. Ihr wollt Jesus noch näher kennenlernen – das Brot miteinander teilen, von dem er gesagt hat: Das ist nicht mehr nur Brot, das ist mein Leib, darin bin ich verborgen als dein Freund.

Wir sehen Jesus nicht, wir hören ihn nicht, aber er ist da – geheimnisvoll mitten unter uns. So schauen wir auf das Kreuz und rufen jetzt zu ihm:

Kyrie

Herr, höre uns
und Herr, erbarme dich

Herr, schau uns an
und Herr, erbarme dich

Herr. vergib uns
und Herr, erbarme dich

Tagesgebet

Guter Gott
einst hat dein Sohn
der Jesus ward genannt
Geschichten uns erzählt
wie es werden kann
bei uns und in der Welt

Lass also still uns werden
die Ohren lauschen auf das
was jetzt erzählt uns wird
von Christus unserm Herrn
Amen

Credo der Kinder

Nach dem Evangelium oder nach der Predigt werden die Kinder eingeladen, ihren Glauben zu bekennen, danach erfolgt das Credo der Gemeinde.

Liebe Kinder,
bei eurer Taufe haben eure Eltern und Paten versprochen, dass sie euch von Jesus und seinen Taten erzählen. Sie haben auch versprochen, diesem Jesus treu zu bleiben und immer nach ihm zu suchen. Heute seid ihr groß genug, selber nach Jesus zu suchen, ihn näher kennenzulernen und sogar mit ihm das Mahl zu feiern, das er uns geschenkt hat und das die Christen seit 2.000 Jahren feiern.

So frage ich euch:

Glaubt ihr an den lieben Gott, der im Himmel wohnt und der die Erde gemacht mit all den Blumen und Tieren, mit Regen und Schnee, mit Sonne und Wind und all den vielen Menschen?

Glaubt ihr an Jesus Christus, der in der Krippe gelegen als kleines Kind, der am Kreuz gestorben ist – für uns – und aus dem Grabe auferstanden?

Glaubt ihr an den Heiligen Geist, den niemand sieht und keiner von uns kennt, der aber da ist wie der Wind: mal leise, mal stürmisch, und der uns allen Mut macht zu leben und zu reden?

Glaubt ihr an die Menschen, die mal lieb zu euch und mal bös, die euch immer wieder Geschichten erzählen von sich, von der Welt und von der Bibel, besonders die, wie der Stein vom Grab weggewälzt war?

Credo der Gemeinde

Fürbitten I

Hände heben sich zu dir
bitte denk an solche
die jetzt krank zuhause sind

Hände heben sich zu dir
bitte denk an solche
die uns heute nicht besuchen können

Hände heben sich zu dir
bitte denk an solche
die in ihren Gräber ruhen

Hände heben sich zu dir
bitte denk an solche
die in anderen Gemeinden Erstkommunion feiern

Hände heben sich zu dir
bitte denk an solche
die wir gar nicht leiden können

Fürbitten II

– Kinder, die heute in vielen Gemeinden zum ersten Mal dabei –
sie haben Hunger nach dem Himmelsbrot
Hände lass sie finden, die es ihnen reichen

– Kranke, die nicht hier sein können –
sie haben Hunger nach dem Himmelsbrot
Hände lass sie finden, die es ihnen reichen

– Suchende, die einfach mal probieren –
sie haben Hunger nach dem Himmelsbrot
Hände lass sie finden, die es ihnen reichen

– Ausgeschlossene, die gerne zu uns kämen –
sie haben Hunger nach dem Himmelsbrot
Hände lass sie finden, die es ihnen reichen

– Christen, bei denen keine Eucharistie gefeiert werden kann –
sie haben Hunger nach dem Himmelsbrot
Hände lass sie finden, die es ihnen reichen

Gabenprozession

Jesus hat seine Jünger eingeladen, den Tisch zu decken, damals in Jerusalem. Dann konnten sie miteinander das Mahl feiern, das bei den Juden an Ostern üblich war – und auch heute noch ist. Deshalb dürft und sollt ihr das jetzt auch so für euch und für uns alle tun.

Erster Text

Ein weißes Tuch
damit die Welt rein werd'
von allem Bösen

Blumen
damit die Welt bunt werd'
trotz aller Langeweile

Kerzen
damit die Welt hell werd'
trotz allem Dunkel

Brot
damit die Welt satt werd'
all überall

Wein
damit die Welt froh werd'
all überall

Zweiter Text

Nach jedem Satz wird eine Handvoll Hostien in Schalen von Kindern zum Altar gebracht – dies kann auch als Fürbitte verstanden werden.

Für das Brot vom Himmel
halten sie die Hände auf ... →

– unsere Kinder
die zum ersten Mal dabei sind

– unsere Kleinen
denen wir das Brot verweigern

– unsere Kranken
die zuhause darauf warten

– unsere Sterbenden
die Stärkung brauchen für den letzten Weg

– Christen, die nicht katholisch sind
und doch mit uns feiern wollen

– alle Menschen
die Hunger danach haben

Gabengebet
Brot
daraus lass
Jesu Leib uns werden

Wein
daraus lass
Jesu Blut uns werden →

Wir bitten dich
dein Geist
soll uns solch Wunder wirken
durch Christus unsern Herrn
Amen

Schlussgebet

Am Ende dir ein Danke, Jesus.
Auch wenn wir nichts von dir gesehen,
doch unsere Ohren haben viel gehört: von dir.
Und deinen Leib – im Brot verborgen –,
wir haben gerne ihn geteilt, davon gegessen
und bitten nun: Bleib du bei uns, das wollen wir so gern,
nicht nur heute, sondern immer wieder.
Wir bleiben auch bei dir.
Amen

Segen

Gott segne euch
die ihr jetzt geht
dorthin, wohin
ihr auch gehört

Er geb' euch einen Engel mit
der Acht hat
dass nichts Böses
euch geschieht →

Und der daran erinnert
dass jeden Sonntag
wir das Mahl
hier feiern
das Jesus
euch und uns
geschenkt

So geht dahin
seid froh
und dankbar
dass ihr lebt

Das will der
Vater so
der dort im Himmel wohnt
sein Sohn
er will es auch
und Gottes Geist
er kommt noch gern dazu
Amen

B Kommunionjubilare

MITFEIERNDE:	Silberne/goldene Kommunionjubilare
LESUNGEN:	Lektionar A/B/C oder Votivmessen VIII »Eucharistie«
HINWEISE:	Plätze reservieren für die Jubilare mit ihren Partnern festlicher Gabentisch im Raum der Kirche, damit eine Gabenprozession möglich ist.

Begrüßung I

Abschiedsgeschenke halten die Erinnerung wach: besonders an den Menschen, dessen Hände sie uns überreicht, was wir dann gern in unsern Händen halten: das Bild, den Brief, das Schmuckstück, das Buch ...

Auch Jesus hat unseren Händen zum Abschied etwas anvertraut, seinen Leib und sein Blut – verborgen in den Gaben seiner Schöpfung, in Brot und Wein: So sind wir heut zusammen, nach 25/50/60 Jahren von IHM geladen damals wie einst die Zwölf und ihn erfahren, der für uns da. Wir feiern heute gern das Wiedersehen mit IHM vor allem; mit denen auch, die damals mit uns waren – und denken auch an jene, die schon Platz genommen am Tisch im Himmel.

Begrüßung II

Weiß
waren sie
die Mädchen →

und fromm die Jungen
so anders als gewohnt

Vorbei sind sie
die Tage, die einst waren
mit ihnen
auch der Glaube
an das Christuskind
und Erdenbrot
ward wichtiger als Himmelsbrot

Nun steh'n wir hier
die groß geworden
Leid erfahren
und keine Antwort
auf die vielen Fragen

Wir essen wieder
von dem Brot –
wie einst
und bitten
Herr
lass Fragen
in uns werden
an dieses Brot
vielleicht
es eine Antwort weiß

Kyrie

Bin für euch da geheimnisvoll
doch vernehmbar im Wort

Bin für euch da geheimnisvoll
doch greifbar im Brot

Bin für euch da geheimnisvoll
doch verborgen im Wein

Tagesgebet I

Groß sind sie geworden,
deine Kinder, Herr –
und Antworten – die von damals –
sind meist leere Worte nun für sie.

Darum lass alte Botschaft
jetzt ihr Ohr erreichen,
damit sie neu entdecken
deine Liebe zu der Welt,
zu denen, die heut' hier.

Geschehen soll's durch
Christus, unsern Herrn.
Amen

Tagesgebet II

Der Mensch lebt nicht
vom Brot allein (Mt 4,4);

→

er braucht auch Worte,
die seine Seele nähren.

Du, Herr,
hast solche Botschaft,
die unsere Ohren
gerne hören.
Nun sag schon, Herr,
was dir so wichtig,
und lass auch uns es wichtig werden
an diesem Tag,
da wir um einen Tisch
versammelt mit dir,
dem auferstandenen Herrn.
Amen

Fürbitten I
Am Tisch des Herrn fehlen uns Menschen
an sie denken wir gerne
und beten darum für sie

Am Tisch des Herrn fehlen die Gäste
die geladen und doch nicht kommen konnten
an sie denken wir gerne
und beten darum für sie

Am Tisch des Herrn fehlen die Freunde
die geladen doch Christi Leib nicht mit uns teilen können
an sie denken wir gerne
und beten darum für sie →

Am Tisch des Herrn fehlen die Toten
die geladen – doch schon in ihren Gräbern ruh'n
an sie denken wir gerne
und beten darum für sie

Am Tisch des Herrn fehlen die Kranken
die geladen und noch in ihren Betten liegen
an sie denken wir gerne
und beten darum für sie

Fürbitten II

Sie brauchen Brot
und endlich eine Heimat
die vielen auf der Flucht
und bitten uns um ein Gebet

Sie brauchen Brot
und endlich eine Arbeitsstelle
die vielen an den Türen der Arbeitsämter
und bitten uns um ein Gebet

Sie brauchen Brot
und endlich für sie passende Medikamente
die vielen in ihren Krankenbetten
und bitten uns um ein Gebet

Sie brauchen Brot
und endlich einen langen Atem
die vielen in den Therapiegruppen
und bitten uns um ein Gebet

→

Sie brauchen Brot
und endlich keinen Stress
die vielen an den Urlaubsorten
und bitten uns um ein Gebet

Gabengebet

Herr
sieh auf die Gaben
die Menschen dir gebracht
doch sende deinen Geist noch
über sie

Nur er hat diese Kraft
die Wunder schafft
dass Jesu Leib
nun werde aus dem Brot –
sein Blut nun aus dem Wein

Und halt den Zweifel
davon fern
durch Christus unsern Herrn
Amen

Meditation

Alltäglich das Mahl
Brot –
für jeden
ein Stück
Wein –
für jeden
ein' Schluck
und doch
ist's so anders
an diesem Abend

weil einer behauptet
das Brot –
es schmeckt heut'
nach IHM
der Wein –
er trinkt sich
wie's Blut dessen
der noch in der Nacht verraten
verkauft für 30 silberne Münzen

wie zu verstehen –
noch immer streiten sich Christen
bis auf den heutigen Tag über das »Wie«

warum
Hauptsache es schmeckt
natürlich nach IHM

Schlussgebet

Danke für das Wiedersehen
Herr mit dir
und mit jenen
die einst
zum ersten Mal dabei

Nun lass uns nicht vergessen
was Gutes wir mit dir
und uns erlebt
Die Jahre werden älter –
dann brauchts der Hoffnung
starke Kraft
bis der erscheint
der heut im Brot
uns noch begegnet
Christus unser Herr
Amen

Segen

Gott segne euch
heut' gerne Gast
beim Herrenmahl

Er mache Mut
das Liebesspiel
neu zu beginnen
mit ihm
der's einst in euch entfacht →

Und lasse neu erfahren
dass Gutes er gewollt
auch wenn ihr Wüstenzeit erlebt
und bitter sie geschmeckt
denn solches braucht das Leben
damit ihr euch verlieben könnt
ganz neu in ihn (Hos 11,5)

Reicher wird's dann werden
euer Leben
in dem ihr oft
arm dran gewesen

Nun geht dahin
ganz neu gehört
das Wort der Schrift
und wieder gut genährt
mit Himmelsbrot

Er ist dabei
Gott der Vater
Er ist davor
Gott der Sohn
Er ist darin
Gott der Geist
Amen

3. Ostersonntag
»Ein Hauch von Vergebung« (Buße)

MITFEIERNDE:	Menschen, die Vergebung suchen, Gemeinde
LESUNGEN:	Lektionar vom Tage oder beigefügte Auswahl: Altes Testament Gen 18,22–33 Ex 34,5–7a Jes 33,22–24 Jes 38,16–20 Jes 44,21–23 Mich 7,18–20 Neues Testament Apg 13,38–39 Eph 1,1–14 Hebr 10,14–18 1 Joh 2,12–14 Evangelium Mt 26,26–29 Lk 7,36–48 Lk 24,45–48 Joh 20,19–23
HINWEIS:	Im Altarraum hängt ein »weißes Kleid« (z. B. Albe) mit schwarzen Flecken (Stoff/Papier). Nach der Lossprechungsbitte werden die »Flecken« entfernt.

Begrüßung I

Schuld
lässt weitergehen
mit gesenktem Haupt
raubt uns des Nachts
den nöt'gen Schlaf
und quält mit dieser Frage →

warum musst' ich es tun
das Böse
zum Täter werden
ließ es mich

Um solche Not
der Menschen
der Heiland weiß
greift heilend ein
in jeder Zeit
bei jedem
sein Name
es bezeugt

Er schenkt
darum Vergebung (Mt 26,28)
lässt weiß die Weste
wieder werden

Des Geistes Hauch
er bläst es weg (Joh 20,22 f)
Unmenschliches
das an mir haftet
und schenkt den Schlaf
den das reine Herz braucht

Begrüßung II

Kein buntes Ei – kein Hase aus Schokolade – kein Lamm aus Rührteig ... All dies hat der Auferstandene seinen Jüngern nicht geschenkt am ersten Osterfest. Seine Gabe war ganz anders: die Vergebung der Sünden.

Vordergründig mag es wie ein Geschenk aus Verlegenheit klingen, einfach so dahergesagt. Dem aufmerksamen Ohr aber bedeutet es sehr viel. Menschen leiden ja an ihrer Schuld – sie kennt viele Namen und viele Situationen – und hätten gerne diese Erfahrungen aus ihrem Leben ausgemerzt. »Wenn ich an damals denke, schäme ich mich noch heute dafür«, so sagen sie.

Das muss nicht sein. Weil mir Vergebung geschenkt werden kann, nicht nur von Menschen, nicht nur von mir, nein, von dem, der für uns gestorben und auferstanden ist.

Vielleicht entdecken Sie heute ganz besonders, was das Ostergeschenk Jesu bedeutet: eine Befreiung, eine Auferstehung aus den Niederungen der Schuld, weil er dafür sorgt, dass ich nicht unter Schuld und Last weiterleben muss, denn seine Bürde ist leicht (Mt 11,30). Frei darf ich wieder sein, aufrecht weitergehen. Das, so denke ich, ist schon ein Fest wert.

Im Evangelium werden Sie davon hören, und ich bin mir sicher, es tut Ihnen gut. Doch kann nur dem vergeben werden, der seine Schuld gesteht.

Schuldbekenntnis I

Ich bekenne (GL 582,4)
oder Ps 51 (GL 639,2 oder 639,4)
oder Kyrie

Schuldbekenntnis II

Wer ohne Schuld, werfe den ersten Stein (Joh 8,7) – sie werden alle liegen bleiben, liegen bleiben müssen, diese Steine, weil niemand schuldlos hier bei uns. Aber erinnern werden sie uns daran, was an Steinen auf meinem, deinem, unserem Herzen liegt, den Atem uns erschwert.

Das »Nein«, an falscher Stelle gesprochen.
Der »Mut«, der uns verlassen.
Die »Frage«, die nie gestellt.
Das »Ja«, zu schnell gesagt.
Die »Entscheidung«, deren Konsequenz nicht bedacht.
Die »Angst« gewinnen lassen.
Das »Wort der Schrift« nicht ernst genommen.
Und darum sind wir Sünder, brauchen die Vergebung.

Kyrie I

Du, Herr, hast Kain ein Schutzzeichen gegeben (Gen 4,15)
wirst darum gütig gerufen
so rufen wir: Herr, erbarme dich

Du, Herr, hast der Ehebrecherin vergeben (Joh 8,11)
wirst darum barmherzig genannt
so rufen wir: Christus, erbarme dich

Du, Herr, hast dem Schächer vergeben (Lk 23,42)
wirst darum gnädig geheißen
so rufen wir: Herr, erbarme dich

Hinweis: Das Kyrie kann ausfallen, wenn zuvor ein Schuldbekenntnis gesprochen!

Kyrie II

Gutes nicht gesehen
Böses gern gesucht
Herr, erbarme dich

Gutes nicht gewollt
Böses gern probiert
Christus, erbarme dich

Gutes nicht getan
Böses gern gelebt
Herr, erbarme dich

Vergebungsbitte I

Vergeben sei
was wir ertragen
des Nachts
den Schlaf uns gar geraubt

Geschehen soll es nun
gewirkt
durch Geistes heil'gen Hauch

Sein Wehen trag' davon
was uns die Schulter
schwer belastet
und gebe
was einst uns zugesagt
dass Bürde leicht – kein Joch
uns je zerbrechen werde

→

Ihr könnt es nun erfahren
der auferstand aus Todesschlaf
versprochen ward's von ihm
uns Menschen gar die Macht gegeben
loszusprechen den, der noch
gefangen von seiner Schuld –

Dies soll und wird geschehen jetzt
im Namen dessen, der es zugesagt
im Namen des Vaters
voll Erbarmen er
des Sohnes
voll Nachsicht er
des Geistes
voll Wirkkraft er
Amen

Schwarze Flecken jetzt von weissem Kleid entfernen
dazu Orgel/Musik/Lied

Vergebungsbitte II

Gottes Geist uns gern gegeben
vom auferstand'nen Herrn geschenkt
er heile nun von aller Schuld
nehm' weg, was uns die Freud'
am Leben mindert

Er schenke euch Vergebung – wie versprochen
weil wir einander auch vergeben →

dem Bruder uns're Hand nun reichen
der Schwester unser Schweigen brechen

Dann soll und wird's geschehen, was zugesagt
und freier wird uns der Atem sein

Geschenk von dem, der von Toten auferweckt
und lebt und Leben in der Fülle will
den Tod des Sünders nicht
Amen

SCHWARZE FLECKEN JETZT VON WEISSEM KLEID ENTFERNEN
DAZU ORGEL/MUSIK/LIED

Vergebungsbitte III

OSTER-WEIHWASSER BEREITSTELLEN

Da Gottes Geist
auf diesem Wasser ruht
wie er's am Anfang dieser Schöpfung tat (Gen 1,1)
so wasche er nun rein
euch, die ihr in Sünde wart
und lass die Herzen weiß euch werden
weißer als der Schnee (Ps 51,9)
Amen

BESPRENGEN DER GEMEINDE MIT OSTER-WEIHWASSER
DAZU GLAUBENSLIED
SCHWARZE FLECKEN JETZT VON WEISSEM KLEID ENTFERNEN
DAZU ORGEL/MUSIK/LIED

Tagesgebet I

Den Menschen gab er Macht
die Sünden zu vergeben
dein Sohn der Leben wollte
nie den Tod

Davon lass uns jetzt hören
damit den Mut wir finden
aufzustehen
das Wort von der Befreiung
nicht nur zu hören
auch ernst zu nehmen
was er ja fest uns zugesagt
Christus unser auferstand'ner Herr
Amen

Tagesgebet II

Seit Kain den Abel voller Neid erschlug
kennt unsere Welt die Schuld
und wartet auf Vergebung
weil Menschen das Entschulden brauchen

So lass den Satz uns hören
heute Herr
der frei uns spricht
den einst der Auferstandene
der Welt gebracht
und sorg dafür
dass unser Ohr auch offen
für diese Botschaft

→

von Christus
dem auferstandenen Herrn
Amen

Fürbitten

Höre Herr dein Volk
es um Erbarmen ruft
für Menschen, die ihre Fehler nicht einsehen (können)
– ich bin nicht schuld

Höre Herr dein Volk
es um Erbarmen ruft
für Menschen, die an ihrer Schuld schwer tragen
– sie raubt mir den Schlaf

Höre Herr dein Volk
es um Erbarmen ruft
für Menschen, die sich um die Täter mühen
– sie tun mir leid

Höre Herr dein Volk
es um Erbarmen ruft
für Menschen, die den Opfern vergeben können
– sie wussten nicht, was sie tun

Höre Herr dein Volk
es um Erbarmen ruft
für Menschen, deren Schuld sie in den Selbstmord trieb
– es ging nicht anders →

Höre Herr dein Volk
es um Erbarmen ruft
für Menschen, die als Richter ein Urteil fällen
– Gnade vor Recht war nicht immer möglich

Gabengebet

Sünder stets dein Sohn geladen –
Platz zu nehmen an dem Tisch,
den er bereitet auch dem Judas noch.

Darum wir unsere Gaben hergebracht,
das Brot, den Wein –
jetzt braucht's noch deine Kraft,
den Geist, der heilt
und aus den Gaben Christi Leib,
sein Blut uns werden lässt.
Send' ihn herab
mit Christus, unserm Herrn.
Amen

Meditation nach der Kommunion

Schwierig
dem zu vergeben
der Böses an mir getan

Kann's jemals geschehen
dass Rache
mir nicht in den Sinn

Und doch →

kann's geschehen
wenn er gebeten:
Hauch Gottes
zu wirken
was ich noch nicht kann

Ward so versprochen (Joh 20,20.23)
damit Erlösung geschieht
die von dem Bösen (Mt 6,9–13)

damit der aufrechte Gang
wieder gelingt
einem jeden

Schlussgebet I
Kaum zu glauben
Herr
dass wir befreit – wie neugeboren
von hier jetzt gehen
weil Großes du an uns getan
Dank sei dir dafür

Und hilf
dass wir nicht wieder stolpern
dem Bösen mehr vertrauen
als deinem Sohn
der solches hat an uns getan
Christus
unser Herr
Amen

Schlussgebet II

Befreit geh'n wir von hier
denn Sünde, Herr, du hast sie uns vergeben
wie jener Frau
die deine Füße dir gesalbt
mit Tränen sie benetzt (Lk 7,36 ff)

Hab Dank dafür
und gib die Kraft
auch dem jetzt zu verzeihen
der Böses uns getan
dies soll geschehen
durch Christus unseren auferstandenen Herrn
Amen

Segen

Der euch
die Schuld vergeben
die Last
von jeder Schulter
euch genommen
er gehe mit
hinaus ins Leben
und lass euch
nicht verzweifeln
wenn Böses
wieder euch begegnet
sogar verführt
es auch zu tun
– trotz allem –

→

Dann denkt
an sein Erbarmen
– ein Ende
ihm ganz fremd –
und bittet
wie der Menschensohn
es schon gelehrt:
vom Bösen
du erlöse uns (Mt 6,13)

So neigt das Haupt
empfangt den Segen
den vom Vater
vom Sohne auch
und den vom Heiligen Geist
Amen

4. Ostersonntag
»Hüter und Herold« (Dienst-Amt)

MITFEIERNDE:	Ehrenamtliche der Gemeinde, die neu beauftragt sind von Bischof oder vor Ort (z. B. LektorInnen, KommunionhelferInnen, KantorInnen, PGR, VR und ...), Gemeinde
LESUNGEN:	Lektionar vom Tage oder Lektionar VII »Bei der Beauftragung ...«
HINWEISE:	Plätze reservieren für die o. g. Ehrenamtlichen und evtl. Urkunden zum Überreichen, ein Hirtenstab (z. B. Nikolausstab), eine »Schriftrolle« mit dem Text des heutigen Evangeliums

Begrüßung I

Wer ist gemeint, wenn heut' von Hirten die Rede – der Pfarrer hier vorne und die Schafe da hinten? Der Oberhirte in Rom oder die in jeder Bischofsstadt? – Wer ist gemeint damit?

Johannes gibt Antwort – klar wie schon in der Bibel: Es gibt nur einen Hirten: der für uns am Kreuz gehangen und der auferweckt wurde von den Toten: Jesus von Nazaret – alle anderen, die wir fälschlicherweise Hirten nennen, sind seine Schafe – schöner gesagt: das eine Volk Gottes!

Begrüßung II

Priester werden heute nicht geweiht in unserer Kirche, aber Hirten erhalten ihren Auftrag für unsere Gemeinde. Denn Hirte, das ist wohl jeder Christ, weil er einerseits die Botschaft Jesu hütet, aber auch Verantwortung übernimmt für andere, so wie ein Hirte sich um seine Herde sorgt.

Es sind die vielen »kleinen« Dienste, die uns guttun und die notwendig sind, damit Gemeinde immer wieder neu Gemeinde Jesu werden kann.

Und es sind nicht nur Aufgaben im und für den Gottesdienst – nein, auch Dienste für das breite Feld des Volkes Gottes. Kurz gesagt: dort zu sein, wo man Menschen braucht. So heiße ich willkommen, die bereit sind, uns ihren Dienst zu schenken.

Kyrie I

Du der Hirt
und wir die Herde
Herr, erbarme dich

Du im Himmel
wir auf Erden
Christus, erbarme dich

Du das Haupt
und wir die Glieder
Herr, erbarme dich

Kyrie II

Hirte, sieh doch deine Herde
zerstritten in viele Konfessionen
Christus, erbarme dich

Hirte, sieh doch deine Herde
richtungslos in diesen Zeiten
Christus, erbarme dich

Hirte, sieh doch deine Herde
verletzt von vielen Skandalen
Christus, erbarme dich

Tagesgebet I

Weil Hirten stets um Wege wissen
die niemals schaden ihrer Herde
lass uns ein Wort nun hören
von deinem Sohn
der selbst ein Hirte sich genannt (Joh 10,11)

Er wird den Weg wohl wissen
wohin es geht
letztlich ins Land das keine Grenzen kennt
von uns genannt auch Ewigkeit
Amen

Tagesgebet II

Wohin soll's gehen?
Herde fragt nach einem Hirten,
und es gibt viele, die uns in eine Irre führen.
Darum die Bitte, Herr, an deinen Sohn –
der selbst sich Hirte wohl genannt –,
dein Wort soll uns jetzt helfen,
den rechten Weg zu finden,
der in die Weite führt
sogar in eine Ewigkeit.
Amen

Tagesgebet III

Worte, die uns Neugier wecken
sie lass hören und entdecken
wie ein guter Hirt' sie werde
weidet wohl auf dieser Erde

Ohren lass sie achtsam hören
Zweifel, Fragen uns dabei nicht stören

Darum bitten wir
Herr
deine Herde hier
Amen

Sendung

Nach dem Evangelium / der Predigt

Liebe Gemeinde,
es gibt nur *einen* Hirten in unserer Kirche, der Gottes Volk auf gute Weide führt: den Auferstandenen – Johannes davon weiß (10,1 ff).

Doch gibt es viele, die ihn hier vertreten, mitten unter uns, an Tagen, in Nächten auch. Verführt sind wir, auch sie als Hirten zu bezeichnen. Das kann jedoch den Blick verstellen auf den, der einzig und allein den Weg weist in Gottes Reich.

Und dennoch braucht es die vielen, die unterwegs sind mit Gottes Volk und helfen, sein Volk zu sein. Damals waren es Apostel, Freundinnen und Jünger Jesu. Heute sind es die Ehrenamtlichen, die ihrer Gemeinde dienen: in unterschiedlichen Rollen mit verschiedenen Aufgaben. In der Schrift und besonders bei der Taufe werden sie – welch eine Überraschung – sogar Priester genannt.

Ehrenamtliche werden zum Ambo bzw. vor den Altar gebeten und mit Namen und Rolle der Gemeinde kurz vorgestellt; danach berühren sie kurz den »Hirtenstab« bzw. erhalten ein anderes Symbol (z. B. Schriftrolle mit dem heutigen Evangelium, kleines Kreuz oder ...)

Segen über die Ehrenamtlichen

So geht dahin
Künder froher Botschaft
seid Boten – Engel gar
für jene, die euch brauchen

Und Gottes Wort
es stärke euch
wenn Füße müd' geworden
Schatten dringend angesagt
da euch des Lebens Hitze
gar verbrennt
wie einst Elija es geschehen (1 Kön 19,4)
denn Menschen seid ihr
nicht Maschinen

Dazu geb' er den Segen
damit gelinge
was mit euch begonnen
Amen

Die Ehrenamtlichen erhalten jetzt ein kleines Holzkreuz oder eine Schriftrolle mit dem Text des heutigen Evangeliums.

Fürbitten I

Hirten sind Eltern,
die ihre Kinder hüten …
Für beide beten wir.

Sei ihnen nahe!

Hirten sind Lehrer,
die ihre Schüler hüten …
Für beide beten wir.

Hirten sind Pflegende,
die ihre Kranken hüten …
Für beide beten wir.

Hirten sind Bischöfe,
die ihre Christen hüten …
Für beide beten wir.

Hirten sind Pfarrer,
die ihre Gemeinde hüten …
Für beide beten wir.

Fürbitten II

Einen Hirten suchen Kinder
sie brauchen jemanden, der sie Vertrauen lehrt
dass sie *ihn* finden, der in Weite führt
darum lasst uns hier beten →

Einen Hirten suchen Jugendliche
sie brauchen jemanden, der sie wachsen und reifen lässt
dass sie *ihn* finden, der in Weite führt
darum lasst uns hier beten

Einen Hirten suchen Demenzkranke
sie brauchen jemanden, der sie an die Hand nimmt
dass sie *ihn* finden, der in Weite führt
darum lasst uns hier beten

Einen Hirten suchen Ängstliche
sie brauchen jemanden, der sie mutig werden lässt
dass sie *ihn* finden, der in Weite führt
darum lasst uns hier beten

Einen Hirten suchen Abhängige
sie brauchen jemanden, der sie von ihrer Sucht befreit
dass sie *ihn* finden, der in Weite führt
darum lasst uns hier beten

Gabengebet

Weil letztlich du den Tisch uns deckst
– und nicht nur Menschenhand am Werk –,
schenk uns nicht Brot allein, nicht nur den Wein.
Vielmehr lass wirken deinen Geist,
damit daraus uns werde
Leib und Blut des Guten Hirten,
der sein Leben für uns gab und gibt
bis in die Ewigkeit.
Amen

Meditation I

Braucht Herde
einen Hirten?
Hat je ein Schaf
danach verlangt
die Herde ihn gerufen?

Wohl kaum
es war der Mensch
der diese Rolle
sich genommen
– ganz ungefragt –
das Vieh sodann versklavt
verführt – statt gut geführt
den Menschen
eines Tages auch

Bis auf den Einen
der's anders ganz gewollt
doch Hirten
ihn auf's Kreuz gelegt

Meditation II

Leben kennt Rollen
die jeder mal spielt
kennt auch die Kirche
nennt Hirten die einen
und Herde die anderen →

Doch –
wer will was sein
und wer darf was sein
Johannes
kennt nur den einen
der siegreich die Herde
hinausführt ins Leben (Joh 10,10)

Zuvor er am Kreuz
so kläglich geendet
und doch wieder sorgend
für jene, die ihn
an den Balken gebracht (Lk 23,43)

Hirt' er und Herr
letztlich *nur* er
niemand es sonst

Schlussgebet

Weil Guter Hirte uns geschenkt
Herr, der in die Weite führt
der will dass uns die Welt nicht fremd
geh'n gern wir jetzt hinaus

Hab' Dank für das Vertrauen
es weckt die Neugier auf das Leben
nichts and'res du gewollt
auch er nicht
der Hirte uns und Herr
Amen

Segen

Weil Menschen
Segen brauchen
die Botschaft
dass gut es sei
was sie begonnen

Darum komme
Gottes Segen
jetzt herab auf euch
die oftmals Hirten sind
sich sorgen
um der ander'n Not

Und jener Hirte
Jesus Christ
er lehre euch die Weite
doch nicht *das* Weite
gern zu suchen
wenn Angst euch engt

Erinnern soll er dann
und euch erfahren lassen
dass euer Leben
in der Hand des Hirten
der's Leben gab
für seine Schafe (Joh 10,11)
für Menschen
dieser Tage auch

→

Und wenn ihr euch verirrt
in Wirren dieser Welt
soll er euch suchen
da jeder Einzelne
ihm wertvoll ward
so sehr
dass er die Herde lässt
im Stich

Und hört den leisen Ruf
verlockend ihm zu folgen
dem Hüter Israels (Ps 121,4)
nicht einem Mietling
der nur flieht

Das gebe Gott
der Vater uns
und Sohn zugleich
auch Heil'ger Geist
Amen

5. Ostersonntag
»Verbunden verbindet« (Ehe)

MITFEIERNDE: Ehejubilare (nicht nur 25 und 50 Jahre) und Familien, Gemeinde
LESUNGEN: Lektionar vom Tage
oder Lektionar VII »Bei der Trauung«
HINWEISE: Plätze reservieren für die Paare und ihre Familien
Geschmückte Brautbank im Altarraum

Begrüßung I

Tod und Auferstehung sind das Thema dieser 50 Ostertage – und sie sind's auch für jede Ehe – für jedes Miteinander von Menschen.

Denn es gibt die Stunden, wo niemand weiß, wie's weitergeht – gar manche sich ein Ende wünschen – und die Stunden, in denen das Glück ganz plötzlich wiederkehrt – ein ständiges Auf und Ab ...

Wichtig dabei zu wissen: So ist das Leben ... Ihm zu trauen, gerade wenn die Not am größten, dazu lädt der Auferstandene ein: Sie, die schon lange miteinander sind, zudem die Zeugen und Mutmacher ..., für alle, die's nicht wagen, zu gehen ...

Begrüßung II

Hochzeit und Ostern – beides eine hohe Zeit! Doch da ist noch mehr! – Gibt's da eine Verbindung, haben beide Feste irgendetwas gemeinsam? Ich denke schon: ganz einfach das Ja-Wort. Ein Satz, vom himmlischen Vater gegeben: Ja, ich will, dass du lebst – dem Sohn nicht nur zugesprochen, sondern auch in die Tat umgesetzt: er weckt ihn auf zu neuem Leben.

Solches geschieht auch bei der Ehe – dem Partner Ja gesagt – es stärkt seine Lust am Leben und ruft ihn heraus aus tödlicher Einsamkeit – denn es ist nicht gut, allein zu leben – in ein neues Miteinander. Ehe ist auch Auferstehung, hineingehen in ein neues Leben, das so lebendig sein kann, dass daraus neues Leben entstehen darf und kann. Ehe und Ostern – das Leben ist das, was sie verbindet. Zudem wendet sich der Auferstandene seiner Gemeinde ganz neu zu wie der Bräutigam der Braut.

Kyrie I

Herr, sie brauchen dich
Mann und Frau
Herr, erbarme dich

Herr, sie brauchen dich
Freund und Feind
Christus, erbarme dich

Herr, sie brauchen dich
du und ich
Herr, erbarme dich

Kyrie II

Adam eine Eva geschenkt
und du uns allen
Herr, erbarme dich unser

Jakob eine Sarah geschenkt
und du uns allen
Herr, erbarme dich unser

Isaak eine Rebekka geschenkt
und du uns allen
Herr, erbarme dich unser

Tagesgebet I

Von Liebe stets die Rede war
Herr, wenn du zu uns gesprochen

Weil's schwerfällt, das zu glauben
denn Not und Ohnmacht
sie kennt das Leben auch
darum sprich immer wieder
von dieser Liebe
gerade jetzt
da wir sie feiern
deine Liebe
und die unsere
durch Christus, unsern Herrn
Amen

Tagesgebet II

Die Liebe
sie hört niemals auf (1 Kor 13,8)
erfahren durften es
die Lebenspaare – auch
wenn manch Stein
im Wege lag –
das Miteinander zuweilen
mehr ein Krieg statt Frieden

Weil unser Weg noch weitergeht –
wer weiß, was kommt –
darum lass sie jetzt wieder hören,
die Worte von der Liebe –
es sind ja deine Worte, Herr
sie, die auch für uns geschrieben
Amen

Versprechen der Paare

Nach dem Evangelium kommen die Paare in den Altarraum, Mann und Frau reichen sich die Hand, und ein Paar spricht für alle den folgenden Text:

Halt meine Hand
noch weiter fest
ich brauche dich
wie eh und je

Und glaube mir
ich will noch weiterleben →

nicht allein
mit dir vielmehr
und unserem Gott
der unerkannt (Joh 1,26)
uns stets begleitet hat
auch jetzt

Ihm sag' ich danke
dafür dass er dich schuf
nicht nur für mich
für viele andere auch

Fürbitten

Und betet für mich ..., sagen uns viele –
ihnen zuliebe tun wir es heute sehr gerne

So beten wir für Gäste, die damals dabei –
und heute hier fehlen

für Paare, die jetzt ihre Hochzeit feiern –
überall in der Welt

für getrennt Lebende –
anders hatten sie es gedacht

für frisch Verliebte –
ein Himmel voller Geigen

für Menschen, die damals mit uns gefeiert –
heute in der Erde ruhen

Gabenprozession

Paare bringen die Gaben zum Altar. Dazu folgender Text:

(Brot)	hartes Brot so war's zuweilen mit dir und mir
(Wein/Flasche)	süßer Wein so war's zuweilen mit dir und mir
(Blumen)	buntes Leben so war's zuweilen mit dir und mir
(Ringe eines Paares)	runde Tage so war's zuweilen mit dir und mir
(Kreuz)	dunkle Stunden so war's zuweilen mit dir und mir
(Scherben)	kaputte Träume so war's zuweilen mit dir und mir
(Hostie und Kelch)	auf der Suche nach Gott so war's zuweilen mit dir und mir

Gabengebet I

Was sollen wir dir schenken, Herr,
womit dir danke sagen?

Wir tun, was ER getan: dein Sohn,
und bringen Brot und Wein.

Dein Geist bewirke es,
dass Christi Leib und Blut sie werden.
Nähe deines Sohnes wird so geschenkt,
wie damals auch,
als unser Ja dir zugesagt
mit Christus, unserm Herrn.
Amen

Gabengebet II

Brot und Wein,
sie nähren unser »Wir«.

Und wenn sie Christi Leib und Blut
uns werden, umso mehr.

Darum send deinen Geist –
erwirke uns, worum wir bitten
mit Christus, unserm Herrn.
Amen

Gabengebet III

Wie Brot und Wein es braucht
für dieses Mahl
so auch der ein' den ander'n
und vor allem dich

Darum nimm gern
die Gaben hier entgegen
schenk deinen Geist dazu
damit mit Leib und Blut
ER gegenwärtig
der's so gewollt
der auferstandene Herr
Amen

Schlussgebet I

Danke Herr, dass jemand da für mich
– ein Menschenherz mir zugewandt
selbst in den schweren Zeiten.

Danke, dass du der Dritte warst und bist
in unserem Bund
wie damals schon in Emmaus (Lk 24,13 ff).

So soll es bleiben
und bitte, schenk noch viele Jahre
uns als Paar.
So sei's mit Christus unserm Herrn.
Amen

Schlussgebet II

Danke, Herr, dass es gelungen,
was einst mit Unruh wir begonnen.

Gute Tage wir erlebt und böse auch erlitten,
oft an dich geglaubt und auch an uns. –
Zweifel dennoch hie und da erlebt. –

Gereift nun bitten wir, dass es
so weitergehe und werde,
was noch werden soll;
es möge uns gelingen
mit Christi Beistand nicht nur heut'.
Amen

Meditation

Liebe fällt dahin
wo sie es will
wird nicht bestimmt
von dir und mir
so war's am Tag
der uns geschenkt

Nicht machbar
die Liebe –
wird einfach geschenkt
und kostet
zuweilen den Kummer
die Angst zu verlieren
was Hände halten →

nicht können …
braucht großen Glauben
Vertrauen
dass unser Weg
uns niemals auseinanderführt
und 's Wissen
uns bleibt
dass du dich vermählt
auf immer und ewig
mit deiner Braut
Kirche sie heißt

Segen

Ein Segen
euch geschenkt
von dem
der damals mit dabei (Mt 28,20)
als eure Lippen
»ja« gesagt
und böse Tage – an sie
noch nicht einmal gedacht

Die Angst vorm Älterwerden
sie nehme er
da's letztlich doch ein Werden
und nicht nur Welken
auch wenn's das Auge
anders sieht – der Frühling
stets dem Winter blüht

→

Gott sei dabei
nicht nur mit einem Segen
auch mit dem Wort der Schrift
von Hoffnung es durchflutet
von besser'n Zeiten träumt
als jemals ihr erlebt (Offb 21,1 ff)

Dorthin wird's weitergehen
den Mut dazu
sein Segen euch verleiht

Und eure Liebe
verlöschen soll sie nie
da stärker als der Tod (1 Kor 13,8)

Des Himmels Segen
er werde nun zuteil
vom Vater
der euch mag
vom Sohn
für jeden Tag
vom Geist
er ihn nie versag'
Amen

6. Ostersonntag
»Balsam für die Seele« (Krankensalbung)

MITFEIERNDE: Kranke und ihre Begleiter, MitarbeiterInnen von Sozialstationen und/oder Seniorenheimen, Gemeinde

LESUNGEN: Lektionar vom Tage
oder Lektionar VII »Bei der Krankensalbung«

HINWEISE: Plätze reservieren für die Rollstuhlfahrer/Rollatoren und Begleitpersonal
Krankenöl bzw. Öl, das noch gesegnet wird, genügend Wattetupfer, Lavabogarnitur
Wenn möglich, (leere) »Öl-Krüge« in der Nähe des Altares als sichtbares Zeichen

Begrüßung I

Krankensalbung ist nicht die letzte Ölung, gar Vorbereitung auf den Tod – sie will das Gegenteil bewirken, lädt ein, sich wieder aufzurichten, ganz heil zu werden an Körper und an Seele (Jak 5,15).

Öl ist dafür das Zeichen, seit alters her nicht nur von Ärzten verabreicht als Heilmittel, sondern von jedem, der einem anderen damit Gutes tut.

Krankensalbung ist so gesehen eine Feier zum Aufstehen, ein Heilmittel, von dem geschenkt, der selber auch auferstanden, sogar von den Toten.

Begrüßung II

Ist einer unter euch krank geworden,
dann rufe er die Ältesten der Gemeinde (Jak 5,14) –
wir haben's umgedreht und die Schwachen
und Kranken gerufen – doch
mit dem gleichen Ziel:
für sie und mit ihnen beten wir:

Gottes Geist mög' ihre Seele heilen,
stärken – vielleicht verführt sie dann den Leib,
sich aufzurichten, weil dies die Auferstehung will
(die 50 Tage auch!) – vom Tod ist keine Rede.

Kyrie I

Dem, der trauert
Trost versprochen
darum: Herr, erbarme dich

Dem, der krank geworden
Heilung in Aussicht gestellt
darum: Herr, erbarme dich

Dem, der krumm gebeugt
aufrechtes Gehen zugesagt
darum: Herr, erbarme dich

Kyrie II

Dem, der geschrien (Mt 14,30)
Rettung ihm gebracht
so rufen wir: Herr, erbarme dich

→

Dem, der geweint (Lk 7,13)
Trost ihm gespendet
so rufen wir: Herr, erbarme dich

Dem, der gefragt (Joh 3,4)
Antwort ihm gegeben
so rufen wir: Herr, erbarme dich

Tagesgebet I

Der du uns vorgelegt
die Wahl, ob Tod, ob Leben,
und uns dazu ermuntert,
das Leben dann zu wählen (Dtn 30,19),
steh uns nun bei,
damit wir deinem Wort auch
trauen – mehr denn je

Lass unsere Ohren
immer wieder hören auch jetzt
dass dieser Tod das letzte Wort nicht hat
Amen

Tagesgebet II

Ein Wort von dir
es kann den Menschen heilen
kehrt ohne Wirkung nie zurück (Jes 55,11)
ist Nahrung für die Seele
besonders wenn wir Menschen
krank und hilflos sind

→

Lass Gutes also hören
da wir die Auferstehung feiern
in diesen 50 Tagen
Sie macht Mut aufzustehen
wie es dein Sohn getan
der noch im Tod das Leben wiederfand
Christus, der auferstandene Herr
Amen

Spendung der Krankensalbung

Die Kranken kommen in den Altarraum bzw. werden dorthin gebracht.

Messdiener bringen das geweihte Krankenöl bzw. Öl, das in dieser Feier geweiht wird.

Eröffnung

Wir bringen Öl in eure Mitte.
Bäume haben ihre Früchte
uns geschenkt und Sonne ließ sie reifen.

Menschen haben Öl daraus gewonnen,
es hilft den Körpern – tut gut der Seele.

Gottes Segen sei ihm geschenkt,
damit es dessen Hände werde,
die Menschen zart berühren,
die so erfahren: Er ist mir nah,
der auferweckt ward
aus dem Tod ins Leben,
aus dem Dunkel in das Licht.

Segen über das Krankenöl I

Gib deinen Segen, Herr,
auf dieses Öl, damit
nicht nur der Erde Kraft –
auch die des Himmels –
in ihm wohn' und wirke

Ein Zeichen sei's, dass
du das Leben willst –
stets neu uns jedem schenkst
wie einst dem Sohn,
von dir erweckt aus Todesschlaf (Joh 20,9).

So komm' herab!
Nicht nur das Öl
jetzt heilig werden lasse,
den Menschen auch,
den es durch unsere Hand berührt.

Segen über das Krankenöl II

Der über'm Wasser einst geschwebt (Gen 1,2)
dein Geist, den wir auch heilig nennen
er komme jetzt herab auf dieses Öl
Geschenk der Schöpfung für des Menschen Wohl

Berühren soll es den, der krank geworden
und Kraft ihm geben, wenn sie dahin

Der auferstanden von den Toten
der solches uns geschenkt

Handauflegung über die Kranken

Salbung (gemäß Ritus)

Fürbitten I

Den Kranken gilt ihre Sorge
darum helfen Ärzte und Krankenschwestern
Kraft von oben sei auch dabei

Den Kranken gilt ihre Sorge
darum helfen Apotheker und Diätassistenten
Kraft von oben sei auch dabei

Den Kranken gilt ihre Sorge
darum helfen Seelsorger und stille Beter
Kraft von oben sei auch dabei

Den Kranken gilt ihre Sorge
darum helfen Verwandte und Freunde
Kraft von oben sei auch dabei

Den Kranken gilt ihre Sorge
darum helfen Physiotherapeuten und Psychiater
Kraft von oben sei auch dabei

Fürbitten II

Das Leben ist bedroht
bei Menschen, die von Viren und Bakterien befallen
Lass sie an die Auferstehung glauben →

Das Leben ist bedroht
bei Menschen, die an Depressionen leiden
Lass sie an die Auferstehung glauben

Das Leben ist bedroht
bei Menschen, die im Krieg sind
Lass sie an die Auferstehung glauben

Das Leben ist bedroht
bei Menschen, die ihren Selbstmord planen
Lass sie an die Auferstehung glauben

Das Leben ist bedroht
bei Menschen, die kein Brot, kein Wasser finden
Lass sie an die Auferstehung glauben

Das Leben ist bedroht
bei Menschen, die bei Katastrophen helfen
Lass sie an die Auferstehung glauben

Gabengebet

Nur Brot und Wein
Herr, es genügt uns
nicht zum Leben –
wir brauchen auch
den Atem, der uns beseelt
den Geist, den du uns
eingehaucht – am Tag
da unser Auge zum ersten Mal
das Licht der Sonne angeschaut

→

Darum – so bitten wir –
send' diesen Geist herab
auf Gaben deiner Schöpfung
beseele sie damit sie
damit verwandelt werden
Brot und Wein – auch jene
die beim Mahl sie teilen

Das wird uns helfen, heilen
durch Christus, unsern Herrn
Amen

Meditation I

Zerbrechlich das Leben
zart jeder Hauch
weiß sich bedroht
von so vielem
von Machtgier von Not
letztlich vom Tod
weil auch das Welken
uns aufgegeben – wie jeder Rose
wie jedem Blatt

Wehrt sich dagegen
alles, was lebt
nicht nur der Mensch
kämpft gegen jeden
und jedes
was ihm das Leben
wegnehmen will

→

Einem ist gelungen
den zu besiegen
der grausam umgemäht
wie Schnitter es tun
setzt seine Sense
an Kinder und Greise

Ihm tritt entgegen
und kämpft für das Leben
der von den Toten uns auferstand

Meditation II

Lerne das Lassen
gib deiner Träne
frei ihren Lauf

Und zeige dem Auge
die Ferne
wenn dunkelnd
der Tag sie verlässt

Spür' deinen Schmerz
denn »lassen« tut weh
erinnert an Tod
der jetzt schon geahnt

Schenke dir Zeit
Tage, gar Wochen
wer weiß

→

Und geh' in den Nebel
der dich umwebt
doch Zukunft schon birgt
ganz noch geheim

Trau' deinem Fuß
tritt fest auf die Erde
und spüre:
sie hält

Schlussgebet

Danke für dein heilend' Wort, Herr, und für die Salbung mit dem Öl, Geschenk der Erde und des Geistes Hauch.

Danke für das Mahl – gestiftet einst von ihm, der auferstand und uns versprochen: Einst wird es auch euch Menschen so geschehen (Joh 14,19).

Lass all dies in uns wirken und in den Herzen es erwägen, bis du selber kommst in Ewigkeit. Amen

Segen

Nun segne
Herr
dein Volk
besonders jene
die von Leid
gedrückt
und halte deine
Hände schützend
jetzt über jeden →

Lass so erfahren
dass wir geborgen
sind bei dir
wie unter Adlers Fittichen

Schick Menschen
vor allem deren gutes Wort
– das auch von dir –
mit auf den Weg
der enden wird
im Leben
– wo denn sonst –

Und lass dein
Angesicht noch
leuchten über uns
damit die Tage heller werden
der Hoffnung Funke wächst und wächst
bis volles Leben
uns entbrannt
Amen

7. Ostersonntag
»Angesteckt« (Firmung)

MITFEIERNDE:	Firmbewerber, Firmlinge vom letzten Jahr, Gemeinde
LESUNGEN:	Lektionar vom Tage oder Lektionar VII »Bei der Firmung«
HINWEISE:	Plätze reservieren für die Firmbewerber 7 Feuerschalen bereitstellen

Begrüßung I

An ihre Taufe können sich die Betroffenen wohl nicht mehr erinnern – vielleicht gibt es Bilder davon; von der Erstkommunion gibt es beides: Erinnerungen und Bilder; von der Firmung: eher nichts.

Oder wissen Sie noch davon? Firmung ist in der Tat das Sakrament, das irgendwie im Bewusstsein der meisten untergegangen ist. Vielleicht, weil Materie uns wichtiger geworden als Geist; vielleicht, weil diese dritte Person der Dreifaltigkeit nicht so greifbar wie Christus bzw. dessen Vater. Und das Bild der Taube erinnert eher an Frieden oder an Hochzeit als an eine göttliche Person.

Darum ist es wichtig, ihn zum Thema zu machen: diesen Geist, der anfangs wie eine Henne über dem Urmeer gebrütet und der Schöpfung auf die Beine geholfen.

Begrüßung II

Gut gegen Zweifel
dies Sakrament

→

Firmung genannt
macht seinem Namen
gern alle Ehre
die es verdient
ist sicherlich
die Kraft von oben
in Taufe empfangen
in Firmung bestätigt
und wirkt immer weiter
wenn wir ihn bitten
Geist, der heilig
genannt
weil er doch heilt
freimacht von Sünde
von Zweifel und Frage
und uns begeistert
wenn wir ein Opfer
von Schwäche geworden
denn er hilft
neuer Schwachheit ja auf (Röm 8,26)

Er wird auch heute
wehen
und wirken
da wir ihn bitten:
Komm, Heiliger Geist
wir brauchen Kraft
in jedem Fall

Kyrie I

Geist, der anfangs
über'm Wasser schwebt (Gen 1,2)
– Du, erbarme dich unser

Geist, der Jesus
in die Wüste führt (Mt 4,1)
– Du, erbarme dich unser

Geist, der ausgegossen
über unsere Kirche (Apg 2,17)
– Du, erbarme dich unser

Kyrie II

Brot und Wein
wir brauchen sie
und rufen darum
Christus, erbarme dich

Feuer und Wasser
wir brauchen sie
und rufen darum
Christus, erbarme dich

Materie und Geist
wir brauchen sie
und rufen darum
Christus, erbarme dich

Tagesgebet

Zaghaft wir dich bitten:
Komm, denn Angst
vor deinem Wirken uns noch lähmt –
den Atem still lässt stehen. –
So sprich zu uns,
damit wir glauben können,
dass nicht Vernichtung angesagt,
stattdessen neue Welt
und neuer Himmel
von dir gewirkt,
dem Geist,
der anfangs schon das All
aus Urflut ausgebrütet.
Gelingen soll's und darf's,
dank dir
und Christus,
dem erhöhten Herrn.
Amen

Ritus mit sieben Feuerschalen I

Nach der Begrüssung oder nach dem Evangelium können sieben Vertreter der Gemeinde sieben brennende Feuerschalen in den Altarraum bringen. Ein oder zwei SprecherInnen sagen dazu Folgendes und die Gemeinde antwortet mit den unten angegebenen Leitversen.

Feuer
und Flamme
kommt doch

→

herab –
bringt uns

… den Geist,
der Weisheit
uns schenkt

… den Geist,
der Einsicht
uns schenkt

… den Geist,
der Rat
uns schenkt

… den Geist,
der Erkenntnis
uns schenkt

… den Geist,
der Stärke
uns schenkt

… den Geist,
der Sehnsucht nach dir
uns schenkt

… den Geist,
der Achtsamkeit vor dir
uns schenkt

→

V/A
Sende aus deinen Geist
und das Antlitz der Erde wird neu (GL 253,1)

oder

V/A
Die deine Macht erschaffen hat
erfülle nun mit deiner Gnad' (GL 245)

Ritus mit sieben Feuerschalen II

Sieben Gaben schenkt der Geist
Jesaja es schon früh verheißt (Jes 11,2)

Die Gabe der Weisheit ...
Mit ihr soll's uns gelingen
aus dem Vielerlei das Richtige zu wählen
1. Schale entzünden

Die Gabe der Einsicht
Mit ihr soll's uns gelingen
aus unseren Fehlern stets zu lernen
2. Schale entzünden

Die Gabe des Rates
Mit ihr soll's uns gelingen
mit Rat und Tat zu helfen
3. Schale entzünden

→

Die Gabe der Stärke
Mit ihr soll's uns gelingen
stark zu werden – standhaft zu bleiben
4. SCHALE ENTZÜNDEN

Die Gabe der Erkenntnis
Mit ihr soll's uns gelingen
nachzuforschen, was hinter allem steckt
5. SCHALE ENTZÜNDEN

Die Gabe der Gottesfurcht
Mit ihr soll's uns gelingen
von IHM zu reden voll Respekt
6. SCHALE ENTZÜNDEN

Die Gabe der Frömmigkeit
Mit ihr soll`s uns gelingen
stets in Kontakt zu bleiben mit dem Herrn
7. SCHALE ENTZÜNDEN

Zeichenhandlung nach der Predigt

AN DIE GEMEINDE WERDEN STREICHHÖLZER AUSGETEILT UND DANN WIRD DAS FOLGENDE GEBET GESPROCHEN:

Segen über die Streichhölzer

Gott segne diese Hölzer
durch Reibung sie uns Feuer fangen
erinnern an deinen Geist
laden ein, sich zu reiben
an Jesu Worten →

und an jenen der Propheten
vor langem uns gesagt

So kann es werden
dass wir Feuer fangen
und nicht nur das Holz
Feuer für ihn
der jeden begeistert
der offen für ihn

Segen über die Gemeinde

(Streichhölzer in Händen eines jeden)

Lass lodern
was einst dir geschenkt
als Glut noch verborgen
tief in dir glimmt

Gib Raum Heiligem Geist
– göttlicher Atem
Hauch des Dreieinen
lebenspendendes Feuer
so er genannt –

Will dich begeistern
dass Leben in Fülle (Joh 10,10)
aus dir erwächst
Feuer du werde
wie ER es gewünscht (Lk 12,49)

Fürbitten I

Geistreich sollen sie werden:
Menschen, die Kinder in Kita und Schule weiterbilden
Treib du sie mit an!

Geistreich sollen sie werden:
Menschen, die Stadt und Land mit ihrer Kunst beschenken
Treib du sie mit an!

Geistreich sollen sie werden:
Menschen, die Kranke und Behinderte begleiten
Treib du sie mit an!

Geistreich sollen sie werden:
Menschen, die von Jesus und seinen Freunden erzählen
Treib du sie mit an!

Geistreich sollen sie werden:
Menschen, die sich um Sterbende und Tote und Hinterbliebene kümmern
Treib du sie mit an!

Fürbitten II (mit Pfingstsequenz GL 344)

Was befleckt ist, wasche rein
... darum beten wir für Menschen, die sich schuldig fühlen, die nicht damit fertig werden.

Dürrem gieße Leben ein
... darum beten wir für Menschen, die sich nicht mehr engagieren wollen, deren Augen und Hände müde geworden.

Heile, wo die Krankheit quält
... darum beten wir für Menschen, die krank geworden, die ihr Leben umstellen müssen.

Wärme du, was kalt und hart
... darum beten wir für Menschen, die eine Liebe verloren, die mit ihrem Verlust hadern.

Löse, was in sich erstarrt
... darum beten wir für Menschen, die nur ihre Meinung kennen, die anderen keine Chance geben.

Lenke, was den Weg verfehlt
... darum beten wir für Menschen, die auf die sogenannte schiefe Bahn geraten, die sich für eine falsche Lösung entschieden.

Gabengebet

Wir bringen dir die Gaben dar
Brot und Wein sie für uns sind
Nahrung für die Seele

Dein Geist kann sie verwandeln
mit seiner Kraft
in Christi Leib und Blut

So soll's geschehen
mitten unter uns
weil wir dich darum bitten
und zu ihm rufen

→

Gottes Geist komm du herab
Amen

Meditation I

Wachsen und werden
weil Anfang geworden
und siehe
»es werde« (Gen 1,3)
ihm seitdem
gegeben
noch immer

Welken
selbst dies nur ein Werden (Joh 14,19)
bis du dann geworden
was Werden
schon immer gewollt
und das nicht nur dir

Meditation II

Heilender Hauch
nicht nur
ein Wind

geistert umher
unruhend
bis alle
be-geistert
von IHM →

In Sprachen
erzählen
die jeder
versteht

Zündelnd
wie's Feuer
züngeln
die Zungen
umschwärmen
das All

Und lodernd
für's Leben
greift er
nach dir

Schlussgebet

Als Geisterfüllte
gehen wir hinaus –
stark geworden für das Leben –
begeistert für die frohe Botschaft –
mehr noch für den
der aus dem Tod
in neues Leben kam

Danke – kleines Wort
für große Gabe –
für Christus den erhöhten Herrn
Amen

8. Ostersonntag / Pfingsten
»Gesammelt – versammelt« (Kirche)

MITFEIERNDE:	Alle Ehrenamtlichen, Gemeinde
LESUNGEN:	Lektionar vom Tage oder Lektionar VII »Bei der Kirch-/Altarweihe«
HINWEIS:	Plätze reservieren für die Ehrenamtlichen Material zum Anzünden der Apostelleuchter, evtl. kleine Leiter Gefäß mit Rosenblättern: Beim Ausgang aus der Kirche werden sie von der Empore über die Gemeinde gestreut (siehe Schlussmeditation).

Begrüßung I
Menschen brauchen Menschen
ihren Blick und
ihre Hand
ihre Liebe und den Zorn dazu

Können ohne Du
nicht werden
auch nicht wachsen
darum lädt er ein
der Menschensohn
sich zu sammeln
wie's die Schafe tun

→

Herde werden
die sich wärmt und schützt
ihren Hirten traut
der Heiland heißt
und Herde führt
ins Weite seiner Welt

So ist Kirche
wohl gedacht von ihm
ihre erste Stunde
wir heut feiern
und die
Zeit danach
wissend Zukunft
ihr noch zugesagt

Begrüßung II

Braucht's eine Kirche? Hat Jesus sie gewollt, so, wie sie ist?

Wahrscheinlich keine aus Stein und keinen Dom – aber ein Miteinander von Menschen, die ihm folgen und weiterbauen, was er begonnen.

Pfingsten verstehen wir deshalb als Geburtstag dieser Kirche, als Bau eines Hauses aus lebendigen Steinen (1 Petr 2,5) mit dem Auferstandenen als Eckstein (Ps 118,22).

Und ausgestattet mit Heiligem Geist – in Taufe und Firmung er uns beseelt, sind wir das Volk der Begeisterten, die überall von Freiheit, Erlösung und Zukunft erzählen, nein: auch danach und damit zu leben versuchen.

Kyrie I

Begeistert sind Menschen
in Afrika
und doch von Zweifel gequält wie wir
darum, Herr, erbarme dich

Begeistert sind Menschen
in Europa
und doch von Angst gequält wie wir
darum, Herr, erbarme dich

Begeistert sind Menschen
in Asien
und doch von Not gequält wie wir
darum, Herr, erbarme dich

Begeistert sind Menschen
in Amerika
und doch von Fragen gequält wie wir
darum, Herr, erbarme dich

Begeistert sind Menschen
in Australien
und doch von Krankheit gequält wie wir
darum, Herr, erbarme dich

Kyrie II

Was nun
da Risse
sich zeigen →

Mauern brüchig geworden
der Boden
nicht nur den Fuß
nicht mehr trägt
   Herr, erbarme dich

Seit Jahren
spricht man davon
es sei höchste Zeit
dringend gefordert
das eine oder andere
neu zu bedenken
– nichts war geschehen
aus Angst
   Herr, erbarme dich

Doch jetzt
führt der Weg
nicht mehr vorbei
an dieser Frage
was tun, da Kirchen geschlossen
Kreuze zum Schandpfahl verkommen
   Herr, erbarme dich

Abbau – dafür die einen
Umbau – dafür die anderen
Neubau – wär' wohl das Beste
doch gemessen woran? – Und wer zahlt den Preis?

Gott sei Dank – es schreit noch der Hahn

Tagesgebet I

Denn wie der Regen
die Erde tränkt
und wachsen lässt die Saat (Jes 55,11)
so auch dein Wort, Herr
uns're Kirche

Darum sprich jetzt zu uns
wie stets zu deinem Volk
du es getan
dann wird Reich Gottes werden
immer mehr
wie es von dir gedacht
Christus, unser Herr
Amen

Tagesgebet II

Komm doch herab
brich ein wie der Dieb (Mt 24,43)
nimm keine Rücksicht
auf unser Erschrecken

Schick Feuer zur Erde
brenn nieder
was morsch
tragbar nicht mehr fürs Heute der Welt

Mach deiner Kirche
doch Beine →

und treib sie voran
vom Gestern in deinen Morgen

Zerstöre
wenn's sein muss
woran manches Herz
heute noch hängt

Dein Wort
Funke nun sei
der ansteckt
brennen uns lässt
für deine Botschaft

Stürm' auf uns ein
Amen

Tagesgebet III

Sei bei uns
Geist,
der lodert, stürmt
uns verweht

Wirke durch Worte
die unser Ohr
zum Lauschen verführen
auf Träume,
die Zukunft verheißen
mit Christus, unserem Herrn
Amen

Zeichenhandlung / Apostelleuchter I

Nach dem Evangelium oder nach der Predigt werden zwölf Apostelleuchter entzündet – dazu folgender Text:

Zwölf Säulen
der Kirche geschenkt
Männer aus Fleisch sie und Blut
Apostel geheißen
von IHM einst gerufen
der nun auferweckt aus totem Grab

Heute als Lichter
sie uns begegnen
brennen noch immer
für den
der sie geheißen
Menschenfischer zu sein (Mt 4,19)
und laden uns ein
uns anstecken zu lassen
von dieser Botschaft
dass Gott
einer der Lebenden
und niemals der Toten

So zünden wir an diese Kerzen
zwölf an der Zahl
leuchtendes Vorbild
noch immer sie sind
und tragend für diese Kirche
vor Ort

Zeichenhandlung / Apostelleuchter II

Nach dem Evangelium oder nach der Predigt werden zwölf Apostelleuchter entzündet – dazu folgender Text:

Braucht jede Kirche
Säulen, die sicher sie tragen
nicht nur aus Stein oder Holz

Menschen sind es bei ihr
da unsere Kirche
aus lebenden Steinen
aus dir wohl und mir
schon immer besteht

Zwölf sind es
die ER einst gerufen
als seine Füße
die Erde noch kannten

Zeugen sie sind:
diese zwölf
und Garanten
dass er auferstand
Sohn Gottes
vom Hauptmann genannt (Mt 27,54)

Als Lichter
sie leuchten
und weisen den Weg

Fürbitten I

Menschen aus Afrika
sie sind uns Brüder und Schwestern
sie beten mit uns, wir für sie
Christus, erbarme dich ihrer

Menschen aus Amerika
sie sind uns Brüder und Schwestern
sie beten mit uns, wir für sie
Christus, erbarme dich ihrer

Menschen aus Asien
sie sind uns Brüder und Schwestern
sie beten mit uns, wir für sie
Christus, erbarme dich ihrer

Menschen aus Australien
sie sind uns Brüder und Schwestern
sie beten mit uns, wir für sie
Christus, erbarme dich ihrer

Menschen aus Europa
sie sind uns Brüder und Schwestern
sie beten mit uns, wir für sie
Christus, erbarme dich ihrer

Fürbitten II

Gottes gute Botschaft braucht der Mensch
der neu geboren
zarte Hände soll er finden

Gottes gute Botschaft braucht der Mensch
der alleine lebt
offene Gemeinde soll er finden

Gottes gute Botschaft braucht der Mensch
der verzweifelt sucht
gangbare Wege soll er finden

Gottes gute Botschaft braucht der Mensch
der weint
hilfreichen Trost soll er finden

Gottes gute Botschaft braucht der Mensch
der gestorben
verheiß'nen Himmel soll er finden

Gabengebet I

Nahrung braucht der Mensch für seinen Leib – für seine Seele auch. – Darum Herr, send' Geist auf Brot und Wein herab, damit er wirke durch sein »Werde« wie am ersten Schöpfungstag.

Dies »Werde« möge wirken, damit aus unserem Gaben Christi Leib und Blut uns werden, Nahrung für die wunden Seelen heute, an vielen Tagen auch.
Amen

Gabengebet II

Nicht nur vom Wort
das einst gesprochen
lebt deine Kirche
auch von diesem Mahl
dein Sohn es ihr
– es uns – geschenkt

Darum lass deinen Geist
jetzt wirken
damit aus Brot und Wein
Leib Christi und sein Blut
uns werde
durch ihn, der's so gewollt
der auferstandene Herr
Amen

Meditation I

Wind
weh' alles Weh
weit weg

Weichen
wird Welle des Bösen
Wohltat
wirkmächtig werden

Wind
weh' deine Wunder
weit übers Land

Meditation II

Von dir gewollt
war es dies
was wir heut Kirche nennen
als damals
du die Zwölf gerufen
und Petrus es versprochen
dass niemals das vorbei
was du begonnen (Mt 16,18)

Es fragen viele
was du gewollt
den Bischof und die Priester
die Dome und die Glocken
Häuser und die Organisation
war dies dein Wille?

oder

Ein Miteinander
das sich liebt
einfach so
den Einsatz für die Armen
einfach so
ein Leben
das ein Licht
für uns're Welt
einfach so

War es dies?

Schlussgebet I

Geladene Gäste waren wir gern –
an deinem Tisch, Herr,
wohlgedeckt mit guter Botschaft
aus deinem Mund –
mit Christi Leib und Blut ja auch

Danke sagen wir dafür
ziehen in Freuden heim
in Frieden wohlgeleitet
wie's der Prophet gesagt (Jes 55,12)
mit Christus unserm auferstandenen Herrn
Amen

Schlussgebet II

Wie uns die Zukunft wird
wir wissen's nicht
vertrauen einfach dir
wenn nun das Mahl zu Ende
wir satt geworden
von deinem Wort
von Christi Leib und Blut
und hoffen –
dies ist auch unsre Bitte –
dass er doch bleibt
im Leben und im Tod
dein Sohn
der auferstand'ne Herr
Amen

Schlussgebet III

Wind
wirke weiter

Wirb
für das Leben
und
webe Gemeinde

Wandle die Welt
in neue Erde

Und Gestern –
du weiche
dem Morgen
durch Christus unseren Herrn
Amen

Segen

Gott segne uns
dein Volk

Von hier nach dort
stets unterwegs
und suchend
wohin es geht
welch Ziel denn vorgesehen

Dann schick uns deinen Geist
der oft im Traum →

den Weg ganz neu geschenkt
und Kraft gab
unser'n Füßen
wenn sie nicht weiter wollten
oder konnten

Und wenn das Auge
müd' geworden
das Ohr
nur leise Botschaft
nicht mehr hört
dann schick uns Menschen

Propheten gar
die Brot uns reichen –
Wasser auch –
wie damals bei Elija
als er dem Tod schon näher
als dem Leben (1 Kön 19,4)

Sie werden helfen
aufzustehen
das Auge neu zu richten
in die Ferne
wo Himmels Licht uns blendet
als Ziel jetzt wieder da –
dorthin soll's gehen
wohin denn sonst (Joh 14,3) →

Gott,
der schön wie deine Sonne
und wild wie deine Wasser
geh mit
als Vater, der barmherzig
als Sohn, der einfach da
als Geist, der heilig und lebendig
Amen

Sendung

NACH DEM SEGEN BZW. NACH DEM SCHLUSSLIED GL 216

Nun geht dahin – in alle Welt
wie ER's gewünscht
als Abschied angesagt

Geht hin – nach rechts und links
ja, um die ganze Kugel Welt
sie immer noch sich dreht
wie's ihr der Schöpfer aufgetragen
zugemutet gar

Und bringt dorthin
wo Menschenatem uns begegnet
sein Licht
den Heiden er es zugedacht (Lk 2,12)
damit nicht Sonne oder Mond sie irreführt
nein, *er nur* in die Zukunft weist

→

Und wenn man euch
nicht hören will
gar nach dem Leben trachtet
wie's manchem einst geschehen
dann mög' kein Zweifel eure Füße lähmen
nicht Angst die Lippen fest verschließen
nein – Effata (Mk 7,34)
mög' er euch hören lassen
damit sie nie verstummt: die Botschaft
froh nicht nur von ihm
von vielen so genannt
seit uns das Wort zu Fleisch geworden (Joh 1,14)
So segne euch Vater, Sohn und Heiliger Geist

Schlussmeditation und Rosenregen

Für dich
soll's rote Rosen
regnen
sang einst die Knef

Feuerzungen
wären uns noch lieber
ein Verstehen des anderen
erst recht (Apg 2,1–33)

Bleibt bei den Rosen
vorerst –
immerhin